BEI GRIN MACHT SICH IHR WISSEN BEZAHLT

- Wir veröffentlichen Ihre Hausarbeit,
  Bachelor- und Masterarbeit

- Ihr eigenes eBook und Buch -
  weltweit in allen wichtigen Shops

- Verdienen Sie an jedem Verkauf

Jetzt bei www.GRIN.com hochladen
und kostenlos publizieren

Michael Mielke

Terrorismus - Modelle und Probleme der Weltpolitik

GRIN Verlag

Dieses Buch bei GRIN:

http://www.grin.com/de/e-book/144294/terrorismus-modelle-und-probleme-der-
weltpolitik

AUSARBEITUNG
Im Rahmen des Moduls
Internationale Beziehungen

Seminar: Modelle und Probleme der Weltpolitik

Referatsthema: Terrorismus

Vorgelegt von:
Michael Mielke

Inhaltsverzeichnis

1 Einleitung

Terrorismus! Nur wenige Begriffe haben sich so nachhaltig in unsere Alltagssprache eingeschlichen. Viele Menschen haben einen vagen Begriff davon, was überhaupt Terrorismus ist, aber ihnen fehlt eine präzise und konkrete und wirklich zur Erklärung beitragende Definition des Wortes. Diese Ungenauigkeit kommt nicht von ungefähr, sondern liegt vielmehr in der Berichterstattung der Medien. Ihre Anstrengungen komplexe Sachverhalte unter geringstmöglichen Aufwand an Sendeminuten zu übermitteln, haben dazu geführt, dass eine ganze Skala von Gewaltakten als Terrorismus geführt wird. Jede abscheuliche Gewalttat, die gegen die Gesellschaft gerichtet ist, wird als Terrorismus definiert. Wobei es gleichgültig ist, ob es sich dabei um die Aktivitäten von regierungsfeindlichen Rebellen oder von der Regierung selbst, um organisierte Verbrecherbanden oder gewöhnliche Kriminelle, um randalierenden Mob oder um Personen, die militant protestieren, um einzelne Irre oder um einsame Erpresser geht (vgl. Hoffmann 2006, S. 21).
Aus diesen Gründen werden in der Ausarbeitung, zu meinem Referatsthema Terrorismus, die Fragen beantwortet: Was kann überhaupt als Terrorismus angesehen werden? Welchen Ursprung er hat und wie wird eigentlich der Terrorismus von Fachleuten definiert. Die einzelnen Formen des Terrorismus werden beschrieben und die Frage wird beantwortet, wer überhaupt Terroristen sind. Denn im Laufe der letzten 30–40 Jahren hat sich der Terrorismus signifikant verändert, die Tendenzen im Terrorismus haben sich gewandelt und welche Motive haben die Terroristen eigentlich, um abschließend einen Vergleich zwischen den „alten" und den „neuen" Terrororganisationen durchzuführen. In der Schlussbetrachtung wird ein Ausblick über die Zukunft des Terrorismus gegeben.

Im folgenden ersten Kapitel werde ich mit der Herleitung und Definition des Begriffs des Terrorismus beginnen.

2 Was ist Terrorismus?

2.1 Ursprung des Begriffes

Der Begriff Terrorismus (la terreur) wurde zum ersten Mal bei der Französischen Revolution gebräuchlich. Damals hatte er im Gegensatz zur heutigen Verwendung eine positive Bedeutung. Er wurde als ein Mittel zur Durchsetzung von Ordnung gebildet. Damals war das „régime de la terreur" ein Instrument der Herrschaft und wurde durch den kürzlich etablierten revolutionären Staat ausgeübt. Die neue Regierung wollte die Macht durch Einschüchterung von Konterrevolutionären, subversiven Elementen und allen anderen Andersdenkenden, die das neue Regime als Volksfeinde betrachtete, festigen. Dafür erhielt der damalige „Allgemeine Sicherheitsausschuss" und das Revolutionstribunal (Volksgerichtshof) umfangreiche Befugnisse zu verhaften, richten und öffentlich Menschen hinzurichten. Auf diese Weise wurde jedem eine eindringliche Lehre erteilt, der sich der Revolution entgegensetzte (vgl. Hoffmann 2006, S. 23 f.). Dieses dargestellte Vorgehen setzten die Jakobiner unter Robespierre, vom September 1793–Juli 1794, gegen ihre politischen Gegner ein (vgl. Laqueur 1977, S. 7; Hirschmann 2003, S 8). Genau wie viele andere Revolutionen ging die Französische Revolution dazu über, sich selbst zu zerstören. Am 26. Juli 1974 gab Robespierre bekannt, dass sich eine aktuelle Liste von Verrätern in seinem Besitz befinde. Da sich alle fürchteten ihre Namen könnten sich auf der Liste befinden, taten sich die Menschen zusammen, um Robespierre persönlich und sein Regime zu stürzen. Robespierre und seine Leute wurden wie vorher bereits 40.000 Menschen hingerichtet. Danach wurde der Begriff Terrorismus mit dem Missbrauch von Amt und Macht untrennbar miteinander verknüpft, mit eindeutig kriminellen Implikationen (vgl. Hoffmann 2006, S. 25 f.). Dennoch hat der Terrorismus der Französischen Revolution zwei Schlüsseleigenschaften mit dem heutigen Terrorismus gemeinsam. Erstens gilt der frühere und heutige Terrorismus als organisiert, zielbewusst und systematisch und zweitens bestand sein Ziel und Rechtfertigung in der Schaffung einer „neuen" und „besseren" Gesellschaft (vgl. Hoffmann 2006, S. 24 f.).

2.2 Abgrenzung von Terror und Terrorismus

Es ist sinnvoll die Begriffe Terror und Terrorismus voneinander abzugrenzen, denn grundsätzlich wird mit beiden Wortbedeutungen die systematische Verbreitung von Furcht und Schrecken verbunden. Mit Terror wird prinzipiell staatliche Schreckensherrschaft gegen Bürger oder bestimmte Bürgergruppen verstanden, also „Terror von oben". Ein Beispiel dafür ist das Verhalten Husseins gegenüber den Kurden und Schiiten im Irak. Im Gegensatz dazu fallen zielgerichtete Angriffe gegenüber den Machtausübenden unter die Kategorie Terrorismus, demnach „Terrorismus von unten" (vgl. Hirschmann 2003, S. 7). Aktuelle Beispiele werden im Laufe der Arbeit genannt und beschreiben. Eine genaue Antwort auf die Kapitelüberschrift steht noch im Raum: Was ist Terrorismus? Nachdem die Ursprünge, die Begriffe Terror und Terrorismus voneinander abgrenzt wurden, wird im folgenden Abschnitt der Begriff Terrorismus definieren.

2.3 Definition Terrorismus

Warum fällt es so schwer den Begriff zu definieren? Der zwingendste Grund besteht wohl darin, dass sich die Bedeutung im Laufe der letzten 200 Jahre so oft gewandelt hat (vgl. Rapoport 1992, S. 1061). Gerade seit den Anschlägen am 9. September 2001 auf das World Trade Center (WTC) in New York und dem Pentagon in Washington D. C. wird in vielen Konfliktregionen der Welt vom Kampf gegen den Terrorismus gesprochen, um das Vorgehen gegen den jeweiligen Gegner zu begründen. Wenige Begriffe werden so variantenreich und kontrovers definiert wie der des Terrorismus, denn meistens hängt die Sichtweise vom politischen Standpunkt des Betrachters ab. Die Streitparteien werfen sich gegenseitig vor, Terroristen zu sein, aber weisen diesen Vorwurf für sich selbst zurück. Daher konnte bisher international noch keine einheitliche Definition gefunden worden. Insbesondere was die Unterscheidung zwischen Freiheitskampf und Terrorismus betrifft (vgl. Hirschmann 2003, S. 7). So gilt Robin Hood als Freiheitskämpfer, weil er sich für die Bedürfnisse der Menschen eingesetzt hat. Im Gegenzug kann er als ein Terrorist beschrieben werden, weil er die Machtausübenden „von unten" angegriffen hat. Allgemein kann gesagt werden, dass sich Terroristen selbst anders einschätzen, als sie von der Bevölkerung wahrgenommen werden. Denn Terroristen halten sich generell für Freiheitskämpfer oder Kämpfer für die Rechte der Unterdrückten. Bisher ist immer noch nicht genau geklärt, was Robin Hood war. Terroristen sind definitiv keine Freiheitskämpfer. Einige fließende Übergänge zwischen beiden irregulären Kampfmethoden dürfen nicht darüber hinwegtäuschen, dass es sich um verschiedene Vorgehensweisen handelt: Freiheits- bzw. Guerillakampf ist eine militärische Strategie, die auf die Belästigung, Einkreisung und letztlich Vernichtung des Gegners zielt. Dagegen stellt der Terrorismus eher eine Kommunikationsstrategie dar, wobei die Gewalt nicht zur Zerstörung eingesetzt wird, sondern als Signal um eine Öffentlichkeitswirkung zu erzielen. Zusammenfassend kann gesagt werden, dass Freiheitskämpfer den Raum wollen und Terroristen das Denken der Menschen besetzen wollen. Des Weiteren respektieren Freiheitskämpfer in der Regel die Trennlinie zwischen Kombattanten und Zivilisten, während Terroristen auch Unbeteiligte zu ihren Opfern machen (vgl. Hirschmann 2003, S. 10 f.). Meistens kann damit geklärt werden, wer ein Freiheitskämpfer oder Terrorist ist. Nach dieser Aussage ist Robin Hood eindeutig ein Freiheitskämpfer. Er wollte den Raum für seine unterdrückte Gruppierung zurück, den bzw. die Herrschenden besiegen, und hat eindeutig zwischen „Unbeteiligten" und „Beteiligten" getrennt. Eine eindeutige Definition von Terrorismus zu finden ist nicht einfach wie bereits eingangs erläutert, sind einige variantenreiche und kontroverse Definitionen in letzter Zeit entstanden. Diese Aussage bestätigt Laqueur (1977, S. 7) mit dem folgenden Zitat: „Eine allgemeine Theorie des Terrorismus zu entwickeln ist ein unerreichbares Ziel. Ich habe schon früher davor gewarnt, zu viel Zeit mit der Suche nach einer Definition zu verschwenden, die niemals gefunden werden wird. Terrorismus war uns ist keine Ideologie, sondern eine Strategie, die man unabhängig von einer Positionierung im politischen Spektrum verfolgen kann." (Laqueur 1996). Von der politischen Position hängt ab, was als Terrorismus angesehen wird. Dennoch lassen sich Kernelemente bestimmen, die das Wesen terroristischer Handlungen ausmachen. Der deutsche Terrorismusforscher Waldmann (2005, S. 12) definiert „Terrorismus als planmäßig vorbereitete, schockierende Gewaltanschläge gegen eine politische Ordnung aus dem Untergrund, die allgemeine Unsicherheit und Schrecken, daneben aber auch Sympathie und Unterstützungsbereitschaft erzeugen soll". Der amerikanische Terrorismusexperte Hoffmann (2006, S. 80) stellt die bewusste Erzeugung von Angst in den Mittelpunkt seiner Definition: „Terrorismus könne als bewusste Erzeugung und Ausbeutung von Angst durch oder die Drohung von Gewalt zum Zweck der Erreichung politischer Veränderungen definiert werden". Der Historiker Laqueur (1977, S. 101 f.) definiert Terrorismus „als Anwendung oder Androhung von Gewalt, um Panik in einer Gesellschaft zu verbreiten, die Regierenden zu schwächen oder zu stürzen und einen politischen Wechseln herbeizuführen. Als Ziel terroristischer Anschläge kann somit der Versuch bezeichnet werden, politische, gesellschaftliche oder wirtschaftliche Veränderungen durch Gewalt zu erzwingen". Folgende zwei kongruente Aussagen über den Terrorismus können nach den drei Definitionen der Fachleute getroffen werden. Erstens ist der Terrorismus eine besondere Form der Gewaltausübung mit im weitesten Sinne politischer Zielsetzungen und auf Grundlage einer politischen Ideologie. Zweitens wird terroristische Gewalt organisiert und über einen längeren Zeitraum andauernd von Staaten oder substaatlichen Akteuren ausgeübt.

Darüber hinaus zeigt terroristische Gewalt folgende Grundcharakteristika: Erstens ist sie vorsätzlich, systematisch geplant und zielt auf extreme Emotionen in der Bevölkerung (Angst, Verunsicherung). Zweitens hat und verfolgt sie eine psychologische Wirkung und richtet sich an eine breite Öffentlichkeit. Drittens verübt sie Angriffe auf willkürlich gewählte symbolische Ziele und Personen. Viertens bricht er soziale Normen, wird folglich als Gräueltat wahrgenommen und zielt fünftens und abschließend auf eine Beeinflussung des Verhaltens der Gegner ab (vgl. Hirschmann 2003, S. 9).

Innerhalb des Terrorismus kann zwischen dem nationalen oder internen, international und transnationalen operierenden Terrorismus unterschieden werden (vgl. Hirschmann 2003, S. 9; Schneckener 2006, S. 40).

2.4 Arten von Terrorismua

2.4.1 Nationaler/ interner operierender Terrorismus

Vom nationalen oder internen Terrorismus wird gesprochen, wenn Terroristen innerhalb ihres Heimatstaates oder Region Gewalt gegen andere Bewohner ausüben, das bedeutet, dass Täter und Opfer fast immer die die gleiche Staatsangehörigkeit besitzen oder auf dem gleichen Staatsgebiet leben. Diese klassische Form des Terrorismus kennzeichnet vor allem die politische Gewalt im 19. und 20. Jahrhundert. Meistens steht er im Zusammenhang mit antikolonialen Befreiungsbewegungen, ethnonationalem Separatismus, links- und rechtsradikalen Ideologien oder religiösem Fundamentalismus. Diese Terroristen sahen sich meistens als Freiheitskämpfer oder Revolutionäre (z. B. IRA, PKK, ETA). Diesen Gruppierungen geht bzw. ging es um die Veränderung einer nationalen Ordnung (Schaffung eines eigenen Staates, Ende von Fremdherrschaft oder eine veränderte Regierungsform). Fast alle Attentate werden bzw. wurden im Inland ausgeführt. Die Anschläge richteten sich gegen Politiker, hohe Beamte, Diplomaten, Militärs, Polizisten, Richter, Unternehmer oder auch führende Wissenschaftler. Der Tod von „Unbeteiligten" wird dabei stets in Kauf genommen (vgl. Schneckener 2006, S. 40 f.). Seit Ende der 60er Jahre ist eine deutliche und ansteigende Tendenz zur Internationalisierung terroristischer Aktivitäten zu erkennen (vgl. Hirschmann 2003, S. 9).

2.4.2 International operierender Terrorismus

Als internationaler operierender Terrorismus gilt nach dem US-Außenministerium Anschläge, bei denen Terroristen entweder Bürger oder das Territorium eines anderen Staates attackieren. Entscheidend dafür ist der internationale Charakter der Anschläge. Die Terroristen müssen entweder grenzüberschreitend agieren oder gezielt im eigenen Land Ausländer bzw. ausländische Einrichtungen angreifen, um damit indirekt die ausländische Regierung zu treffen. Demnach sind Täter und Opfer bei dieser Form nicht Angehörige des Staates. Die Terroristen wollen hierbei bewusst die internationale (meistens westliche) Aufmerksamkeit erzeugen. Ihre Zielsetzung unterscheidet sich dabei nicht von jener des nationalen Terrorismus. Die nationale

Ordnung soll geändert werden, allerdings nutzen sie eine Strategie der Internationalisierung und versuchen ihre Forderungen auf die internationale Tagesordnung zu bringen. Internationale Terrorismusvereinigungen verschaffen sich ein größeres Gehör, um auf ihre beklagten Missstände hinzuweisen. Natürlich werden die Anschlagsziele dabei erweitert und der Kreis der potenziellen Opfer (ausländische Geschäftsleute, Diplomaten, Touristen, Passagiere von Flugzeugen oder Schiffen) wird damit größer (vgl. Schneckener 2006, S. 42 f.).

2.4.3 Transnationaler operierender Terrorismus

Nachdem im vorherigen Abschnitt der nationale bzw. internationale Terrorismus erläutert wurde, kann noch eine dritte Form des Terrorismus abgegrenzt werden: der „neue" transnationale operierende Terrorismus.

Das Attribut „transnational" bezieht sich generell auf grenzüberschreitende Aktivitäten nichtstaatlicher Akteure. Der Begriff „transnationale Beziehungen" beschreibt danach permanente Interaktionen über Grenzen hinweg, an denen mindestens ein nichtstaatlicher Akteur beteiligt ist. Eine „transnationale Organisation" ist ein nichtstaatlicher Akteur, der in mehreren Staaten aktiv ist (z. B. multinationale Unternehmen, die katholische Kirche oder Greenpeace). Der international operierende Terrorist weist bereits eine Reihe transnationaler Merkmale auf, erst recht, wenn er die Zusammenarbeit mit anderen Gruppierungen sucht. Der entscheidende Punkt dabei ist, es geht bei diesem Typ von Terrorismus nicht allein um Aktivitäten und Kontakte über staatliche Grenzen hinaus, sondern vielmehr um die Etablierung von transnationalen sozialen Räumen, in denen sich der transnationale Terrorist bewegt. Transnationale soziale Räume bestehen also aus sozialen und symbolischen Bindungen im Zusammenhang mit Netzwerken und Organisationen bzw. von miteinander vernetzten Organisationen, die sich über mehrere Staaten erstrecken (vgl. Faist 2000). Übertragen auf den Terrorismus heißt dies: Während der internationale Terrorismus herkömmlicher Prägung noch einen lokalen Bezugspunkt hat, ist der transnationale Terrorist seinem lokalen Milieu entflohen, er ist heimatlos und ein moderner Nomade. Seine Herkunft und Staatsbürgerschaft ist für seine Aktivitäten bedeutungslos. Die Ansiedlung der Hauptquartiere, Ausbildungslager oder Ruheräume sind vielmehr ideologischen, strategischen oder ökonomischen Erwägungen verdankt und hängt im Wesentlichen davon ab, welche Gebiete eines Staates sich „anbieten". Ein transnationaler Terrorist muss nicht in einem bestimmten Staat X seine Kommandozentrale haben oder in einem Land Y Anschläge verüben, da er keinen nationalen Kampf führt. Vielmehr sind Gleichgesinnte in anderen Teilen der ganzen Welt für ihn aktiv (vgl. Schneckener 2006, S. 49 f.).

Den transnationalen Terroristen geht es nicht nur um die Änderung einer nationalen Ordnung, sondern um die Änderung der internationalen bzw. regionalen Ordnung. Da sich der internationale Terrorismus darauf beschränkt, mit Attentaten die (westliche) Öffentlichkeit aufzuschrecken, um auf ein lokales Problem hinzuweisen, so erklärt der transnationale Terror den „Westen" und andere selbst zum Gegner. Attackiert wird die Vormachtstellung eines Staates oder Gesellschaftsmodells. Für transnationale Terroristen (Al-Qaida) müssen vor allem diese Akteure bezwungen werden (vor allem voran die US-Hegemonie), um die Unterdrückung und Demütigung der arabischen und islamischen Welt zu beenden (vgl. Schneckener 2006, S. 57 f.). Der transnationale Terrorismus bemüht sich um eine homogene Anhängerschaft mit einheitlicher ideologischer Ausrichtung. Dabei bieten sich besonders religiöse Vorstellungen an, weil es sich bei den Weltreligionen um transnationale Konzepte handelt. Andere typische Varianten für transnationale Ideologien sind zudem einige Pan-Bewegungen (gemeinsame Sprache und Kultur), wie z. B. Pan-Arabismus oder Pan-Slawismus oder weltrevolutionäre Vorstellungen (z. B. Kommunistische Internationale). Die Ideologien üben dabei eine doppelte Funktion aus: Zuerst dienen sie als Handlungsanleitung für den Einzelnen und als verbindendes Element für die Mitglieder der transnationalen Gruppe (gleiche Symbole, Rituale, Wertvorstellungen). Insofern sorgen sie sowohl für die Identifikation des Einzelnen mit der Gemeinschaft als Ganzes, als auch für die Identifizierung der Mitglieder untereinander (vgl. Schneckener 2006, S. 60 f.).

3 Terrorismus gestern und heute

3.1 Tendenzen im Terrorismus

Terrorismus gab es in allen Zeitaltern, aber besonders seit Mitte der 1960er Jahre ist das Bedrohungs- und Gefährdungspotenzial stark angestiegen, sodass in der bisherigen Geschichte kein Beispiel für den heutigen Terrorismus zu finden ist. Dabei zeichnen sich folgende Grundmuster ab: Die Argumente für den Terrorismus sind vielfältiger geworden und die Ebenen werden miteinander vermischt. Die Beweggründe sind eine Mischung aus politischen, ökonomischen, religiösen und gesellschaftlichen Themen. Dadurch ist eine exakte Beurteilung der Beweggründe meistens nur schwer möglich. Das terroristische Repertoire hat sich bei der Durchführung von Anschlägen vervielfältigt. Zum einen hat der konventionelle Terrorismus durch technologische, operative und taktische Entwicklungen an Bandbreite gewonnen. Zum anderen sind mit dem ABC-Terrorismus (atomare, biologische, chemische) und dem Cyberterrorismus (Internetterrorismus gegen Computernetze und -infrastruktur) zwei neue Durchführungsformen hinzugekommen, die terroristische Aktionen mit neuen Waffen ermöglichen. Des Weiteren haben sich Terrorgruppen variantenreicher organisiert und strukturiert. So gibt es neben den klassisch, hierarchisch strukturierten Terrorgruppen (isoliert von Wirtschaft und Gesellschaft), die netzwerkförmig strukturierten Gruppen, bis hin zu einem Terror-Dachverband (Al-Qaida). Die als Plattform für Mitgliedsorganisationen bestimmte Funktionen anbieten bzw. bereitstellen. Die vierte Tendenz behandelt die ansteigende Internationalisierung des Terrorismus. Nationale Gruppen, die nur auf ein Land bzw. Region ausgerichtet sind, werden zunehmend von international operierenden Organisationen abgelöst. Demzufolge werden die Anschläge auch immer internationaler. Fünftens sind die Querverbindungen und das Aktionsspektrum ausgeprägter. Es finden sich immer öfters legale Geschäftsaktivitäten und Verflechtungen sowie Leistungsangebote im Bereich des sozialen Sektors und der materiellen Sicherung, dass es zu einer stärkeren gesellschaftlichen Einbettung und Integration von den Organisationen führt, die ebenfalls Terrorismus betreiben. Bei dem Terrorismus heutiger Art geht es immer weniger um die Beseitigung bestimmter individueller Gegner (Machtinhaber, Repräsentanten einer politischen, wirtschaftlichen oder gesellschaftlichen Ordnung), sondern er stellt vielmehr eine Kommunikationsstrategie mit der Öffentlichkeit und den eigenen Anhängern dar, mittels derer Druck auf den eigentlichen Gegner ausgeübt werden soll. Dadurch sind terroristische Anschläge tendenziell blutiger, zwischen Kombattanten und Nichtkombattanten wird nicht mehr unterschieden und der Gegner soll nicht direkt beeinflusst werden, sondern sie zielen vielmehr auf eine indirekte, aber oft wirkungsvollere Beeinflussung des Gegners durch Angst, Furcht und Panik in seiner Bevölkerung ab. Wie bereits gerade erläutert wird der Terrorismus zu einer medial vermittelten Kommunikationsstrategie, daher gilt die Faustformel: „Je massiver und sensationeller ein Anschlag ist, umso größer ist die Wahrscheinlichkeit einer intensiven Berichterstattung" (Hirschmann 2003, S. 17). Das hat dazu geführt, dass die Terrorgruppen ihre Anschläge durch Medienstrategien und PR-Beauftragten begleiten lassen. Des Weiteren lässt sich erkennen, dass zunehmend symbolische Ziele angegriffen werden, um etwas zu treffen, dass die Werte, Systeme und Einstellungen des Gegners repräsentiert und für dessen Bevölkerung eine große Bedeutung darstellt (z. B. sportliche Großereignisse (Olympia, Fußball-WM), Urlaubszentren (Spanien, Indonesien), Wirtschaftsgebäude (WTC), politische, gesellschaftliche und wirtschaftliche Einrichtungen sowie Logistiksysteme und Infrastruktur (Madrid)). Die letzte Tendenz ist seit Ende der 1970er Jahre charakteristisch für den Terrorismus, so ist die Verbindung von Terrorismus mit Religion oder Glaubensüberzeugungen in praktisch allen Kulturkreisen, Religion immer missbräuchlich und selektiv eingesetzt. Die Religion und Glaubensüberzeugung erlaubt eine klare Abgrenzung zwischen „Wir" und „Die anderen", damit wirkt sie integrativ, schafft und verankert klare Feindbilder und wird als Gegenentwurf zu politischen Ausrichtungen und Ideologien eingesetzt. Zusammenfassend und abschließend kann noch zu den Tendenzen im Terrorismus gesagt werden, dass sie vermischt und gebündelt auftreten, bauen zum Teil aufeinander auf, benötigen sich gegenseitig und stehen in Wechselbeziehung miteinander (vgl. Hirschmann 2003, S. 15 ff.).

3.2 Grundmotive des Terrorismus

Die Beweggründe für Terrorismus haben sich in den letzten 30–40 Jahren bedeutsam geändert. Von 1965 bis heute lassen sich drei Grundmotive erkennen, die alleine, additiv oder substitutiv auftreten können: ideologisch und sozialrevolutionär motivierter, ethnisch-nationalistischer und religiös motivierter Terrorismus.

3.2.1 Ideologisch und sozialrevolutionär motivierter Terrorismus

Der ideologisch sozialrevolutionär motivierter Terrorismus hatte als Ausgangspunkt den Wunsch nach einer ideologischen Neuausrichtung der Gesellschaft. Das linksextreme Spektrum der „Post-1968er-Bewegung" hat dies vertreten (z. B. RAF). Bereits dieser Terrorismus hatte über die Gesellschaft hinausgehende eine internationale und globale Komponente, die allerdings nur ansatzweise zu erkennen war und noch etwas rückständiger war. Er existierte seit 1968 und hatte seine Hochphase in den 1970er Jahren und klang am Ende der 1980er bzw. Anfang der 1990er Jahre mit der Selbstauflösung oder Zerschlagung der meisten Terrorgruppen aus. Grund dafür war die nichtvorhandene gesellschaftliche Verankerung und Unterstützung. Die radikalen Ideen der Umgestaltung und ihre Kommunikation durch Gewalt und Mord wurden zwar von der Bevölkerung registriert, aber nicht geteilt. Des Weiteren fanden die linksextremen Terroristen aufgrund der Auflösung der Deutschen Demokratischen Republik (DDR) keinen Schutz mehr vor der deutschen Justiz mehr. Der Internationalisierungsgrad dieser Gruppen blieb jedoch gering und in den legalen politischen Bereich hinein waren sie kaum vorhanden (vgl. Hirschmann 2003, S. 18 f.).

3.2.2 Ethnisch-nationalistisch motivierter Terrorismus

Parallel zum vorwiegend ideologischen, sozialrevolutionären Terrorismus entwickelte sich seit Ende der 1960er Jahre ein ethnisch-nationalistischer Terrorismus (z. B. PLO (Palästina), IRA (Nordirland), ETA (Spanien)). Dieser Typus unterstreicht die gewaltsamen Forderungen ethnischer und politischer Gruppen nach Unabhängigkeit, Autonomie oder Mitbestimmungsrechten. Er ist von allen terroristischen Aktivitäten der Häufigste. Der palästinensische Terrorismus gilt als Vorreiter einer Internationalisierung. Am 22. Juli 1968 entführte die „Volksfront für die Befreiung Palästinas" (PFLP) ein Verkehrsflugzeug auf dem Weg von Rom nach Tel Aviv, das war der Beginn des internationalen Terrorismus. Denn dort gelang es zum ersten Mal Terroristen, das Ausland in einen regionalen Konflikt einzubeziehen bzw. von ausländischem Territorium aus zu operieren. Das nächste Schlüsselereignis war die Entführung und Ermordung israelischer Sportler bei den Olympischen Sommerspielen Spielen 1972 in München durch die palästinensische Organisation „Schwarzer September". Die Terroristen erlangten dadurch ein extrem großes Forum zur Kommunikation ihrer Anliegen. Seit diesem Tag wissen die Terroristen um die Bedeutung internationaler Medien, deren Konkurrenz sie daraufhin für ihre Absichten einer globalen Berichterstattung ausnutzten. Dies war der Beginn von Terrorismus als globale Kommunikationsstrategie mit der Öffentlichkeit und der Beginn einer symbiotischen Beziehung zwischen Terroristen und Medien. Zur Folge hatte dies ebenfalls, dass fortan nicht mehr der Gegner direkt, sondern bedeutende Symbole für eine Gesellschaft angegriffen werden. Bei den Querverbindungen versuchen alle ethnisch-nationalistischen Gruppierungen, ein „Cross-over-Potenzial" in den legalen politischen und gesellschaftlichen Bereich aufzubauen, sei es durch politische Beteiligung in Parlamenten oder bestimmte Sozialleistungen für ihre Anhängerschaft und ihr Umfeld. Die Gruppen der 1970er Jahre stoßen dabei jedoch immer wieder auf erhebliches Befremden, da ihr Solidarisierungspotenzial in der Gesellschaft kaum erkennbar war. Daher trat die religiöse Rhetorik immer mehr in den Vordergrund, dort bekamen die Terroranschläge eine breitere Zustimmung von der Gesellschaft (vgl. Hirschmann 2003, S. 19 f.).

3.2.3 Religiös motivierter Terrorismus

Im islamischen Raum wird der Wandel von zwei Schlüsselereignissen markiert, die eine Entwicklung in Gang setzen, die den 11. September 2001 letztlich ermöglicht haben. Zunächst ist die „Islamische Revolution" im Iran unter Khomeini von 1979 zu nennen, sie war die erste Revolution, die sich nicht auf politische Konzeptionen des

Sozialismus oder der Demokratie, sondern auf eine Religion berief. Sie brachte nicht nur religiöse Oberhäupter an die Spitze der Legislative, sondern wollten ihr Revolutionsmodell in andere Länder (Palästina) exportieren. Gewaltbereite Gruppen sahen, dass eine derartige Revolution auch gegen den Westen bzw. westliche Einstellungen erfolgreich sein kann. Fortan diente sie als ein Muster für einen „dritten Weg" und der Rückbesinnung auf eigene Werte. Der Iran förderte diese Ideen finanziell, materiell und personell. Das zweite Schlüsselereignis bildet die Reaktion der islamischen Welt auf den Einmarsch der Sowjetunion in Afghanistan 1979. Der Einmarsch wurde als ein Angriff auf den Islam gewertet, der den Ausruf eines gemeinsamen Dschihad rechtfertigte. Daraufhin wurden „Freiwillige" aus islamischen Staaten angeworben, darunter auch bin Laden. Er finanzierte die Ausbildung und gründete die Al-Qaida (deutsch: die Basis). Ihr Vermögen soll bei ca. 300 Mio. $ liegen. Nachdem sich die „Rote Armee" zurückzog, gingen viele dieser ausgebildeten Araber wieder zurück in ihre Heimatländer, schlossen sich extremistischen bzw. terroristischen Gruppen an und fungierten als lokale Repräsentanten bin Ladens. Daher existieren mittlerweile zwischen 3000 und 5000 ausgebildete Terroristen in über 60 Ländern. Der Internationalisierungsgrad insbesonders von islamistischen Terrorgruppen ist sehr hoch. Im Prinzip findet der Versuch der Einflussnahme überall dort statt, wo Glaubensbrüder leben. Interessant ist, dass die Anteile bei allen ethnisch-nationalistischen Terrorgruppen mit religiöser Rhetorik Querverbindungen zu legalen Geschäftsbereichen, zu Teilen der organisierten Kriminalität und zu Migrantengemeinden im Ausland sehr ausgeprägt sind (vgl. Hirschmann 2003, S. 21 f.).

3.3 Veränderung der Terrorgruppen

Nachdem in den vorherigen Abschnitten bereits die Tendenzen und Motive der Terrorgruppen erläutert wurden, werden unter diesem Punkt die wichtigsten Merkmale noch einmal zusammengefasst. Traditionelle (alte) (z. B. RAF, IRA, ETA, PKK, PLO) und neue Terrorgruppen (z. B. Al-Qaida) sind fundamental unterschiedlich, die Unterschiede können wiederum auf drei Ebenen deutlich gemacht werden: Organisation, Operationen und Opfer sowie Querverbindungen und Finanzen.

3.3.1 Organisation traditioneller und neuer Terrorgruppen

Die Organisation alter Gruppen ist bestimmbar, denn die Organisationsform ist hierarchisch. Diese Gruppen waren (sind) relativ homogen, die zwar auf Sympathisanten spekulieren, sich gegenüber der Umwelt als kompakte Organisation autark verhalten. Die Gruppenmitglieder sind in ihren terroristischen Aktivitäten ausschließlich für diese Gruppe aktiv. Die Struktur ist regional bzw. national angelegt. Bei neuen Terrorgruppen (Al-Qaida) ist die Organisation eher ungenau bestimmbar. Sie sind nicht homogen, hierarchisch, sondern handeln als Plattform für einen Dachverband selbstständiger Terrorgruppen aus verschiedenen Ländern. Neue Gruppierungen bieten terroristische Schulungen sowie finanzielle, logistische und operative Unterstützung bei Terroranschlägen an. Zum Beispiel unterhält die Al-Qaida in ca. 80 Staaten geheime Unterschlüpfe. Die Leitung der Organisation (z. B. bin Laden) kümmert sich um das reibungslose Funktionieren der Administration, die Planung und Ausführung überlässt er den Mitgliedern. Bin Laden ist nicht der klassische Chef einer hierarchischen Gruppe, bei dessen Ausschaltung die Befehlsstränge und Handlungsfähigkeit der Organisation schwer beschädigt werden (vgl. Hirschmann 2003, S. 33 f.).

3.3.2 Operationen und Opfer traditioneller und neuer Terrorgruppen

Die Al-Qaida richtet ihre Anschläge gegen symbolische Ziele des Feindes. Die Qualität der Operationen ist durch die finanziellen Möglichkeiten in technischer und logistischer Hinsicht sehr innovativ und anspruchsvoll. Sie wiederholen nie ein Anschlagsmuster und machen nicht das, was als nächster Zug erwartet wird. Die spontane Reaktionsfähigkeit bei neuen Terrorgruppen ist demzufolge geringer, als bei alten Vereinigungen. Die Al-Qaida ist kaum in der Lage einen direkten Schlagabtausch mit seinen Gegnern durchzuführen. Sie führen komplexe Attentate durch, die ca. 12-36 Monate Vorbereitungszeit benötigen. Dagegen greifen alte Terrorgruppen ihre Gegner direkt an, da ihr Aktionsradius auf ein Land oder eine Region begrenzt ist. Die Al-Qaida ist in der Lage ihre Anschläge weltweit auszuführen, davon zeugen zahlreiche „erfolgreiche" bzw. gescheiterte Anschläge in Nordamerika, Europa,

Russland, Afrika und Asien. Somit ist die Bedrohung um ein Vielfaches höher und die Bekämpfung solcher neuen Terrorgruppierungen wesentlich schwieriger. Alte Terrorgruppen haben ihre Opfer meisten sorgfältig ausgesucht, dementsprechend waren die Opferzahlen relativ gering. Die Al-Qaida nimmt hohe Opferzahlen unter völlig „Unbeteiligten" in Kauf und strebt dies sogar an (vgl. Hirschmann 2003, S. 34 f.).

3.3.3 Querverbindungen und Finanzen traditioneller und neuer Terrorgruppen

Alte Terrorgruppen hatten nur geringe Verbindungen in den legalen Geschäftssektor. Dagegen fährt bin Laden konsequent zweigleisig. Einerseits ist er der „Kopf" einer „Terror-Holding", andererseits ist er Geschäftsmann, der über Mittelsmänner ein Geflecht an Firmen, Unternehmensbeteiligungen, Investitionen und Finanzmarktaktivitäten kontrolliert. Seine legalen Tätigkeiten dienen der Finanzierung und Durchführung seiner Terroranschläge. Traditionelle Gruppen finanzierten sich durch Banküberfälle, Schutzgelderpressung und andere Straftaten aus dem Bereich der "Organisierten Kriminalität" (vgl. Hirschmann 2003, S. 35).

4 Schlussbetrachtung

Nachdem ich in der Ausarbeitung die eingangs gestellten Fragen beantwortet habe: Was ist überhaupt Terrorismus und welche Tendenzen zeigen sich und welche Motive haben die Terroristen, möchte ich in der Schlussbetrachtung einen Ausblick geben wie es weiter gehen kann?
„Gewinnen oder verlieren wir den globalen Krieg gegen den Terror"? (Rumsfeld, 2003). Diese Frage stellte sich der US-Verteidigungsminster, sie ist symptomatisch für die Philosophie des „Global War on Terror". Jedoch sind die Kriterien „Sieg" und „Niederlage" bei der Bekämpfung des Terrorismus wenig hilfreich. Denn die spezifischen Charakteristika der terroristischen Strategie werden verkannt, die Terroristen versuchen sich einer klaren Entscheidung über „Sieger" und „Besiegte" zu

entziehen. Stattdessen suchen die Terroristen die Zuflucht in einem jahrelangen, zermürbenden „Kleinkrieg", der eigentlich nur mit militärischen Mitteln nicht zu gewinnen ist. Der Terrorismus lässt sich nicht bekämpfen, sondern sein Aktionsradius lässt sich einschränken, das Gefährdungspotenzial kann reduziert, die Infrastruktur kann zerstört, der Zufluss von Ressourcen und der Zulauf von Sympathisanten (Rekruten) kann gestoppt werden. Immer wieder werden Gruppen und Personen versuchen auf diese Weise ihre Ziele zu verfolgen. Daher kommt es darauf an, das Risiko mit polizeilichen, geheimdienstlichen, strafrechtlichen und eventuell auch mit militärischen Mitteln zu minimieren und gleichzeitig mit Hilfe politischer Maßnahmen zu managen. Für den nachhaltigen Erfolg solcher operativen Maßnahmen ist es allerdings von zentraler Bedeutung, dass sie möglichst zielgenau, gebunden an rechtstaatlichen und völkerrechtlichen Normen, durchgeführt werden, damit die Gefahr einer politischen Instrumentalisierung vorgebeugt wird. Allerdings muss dafür zwischen Terrorgruppen und anderen nichtstaatlichen Gewaltakteuren sowie zwischen Terroristen und Sympathisanten unterschieden werden, da jedes unverhältnismäßige und -differenzierte Vorgehen kontraproduktiv wirkt, im Extremfall zur Eskalation führt und den Terroristen in die Hände spielt. Daher muss die Terrorbekämpfung an den Punkten ansetzen, die Verbindungen zwischen Knotenpunkten und Terrorzellen in den Netzwerken zu zerstören, die Spaltung zu fördern, Aktivisten und lokale Gruppen von ihrem Umfeld von außen zu isolieren und zu immunisieren. Dies gelingt neben dem notwendigen Verfolgungsdruck durch den Einsatz von polizeilichen, strafrechtlichen und militärischen Zwangsmaßnahmen durch: materielle und immaterielle Anreize (Bestechung), Überzeugungsarbeit, Prozesse der Sozialisierung, Maßnahmen zur Eindämmung und Marginalisierung und Verhandlungen. Insbesondere die letztgenannte Option wird regelmäßig mit dem Satz „Mit Terroristen kann nicht verhandelt werden" zurückgewiesen. Diese Aussage ist so alt wie der Terrorismus selbst, sie hält oftmals der Realität nicht stand. Beispielsweise führten trotz jahrzehntelanger operativer Terrorismusbekämpfung gegen die IRA, Verhandlungen zu einer politischen Lösung. Dem Terrorismus kann nicht mit einer einzigen Antwort begegnet werden, sondern es Bedarf einer analytischen De- und Rekonstruktion der Netzwerke, ihrer Bestandteile, ihrer Charakteristika und ihrer Infrastruktur, um flexible, situations- und akteursadäquate Gegenstrategien zu entwickeln (vgl. Schneckener 2006, S. 247 ff.).

Literaturverzeichnis

Faist, T. (2000). *The volume and dynamics of international migration and transnational social spaces*. Oxford: Oxford University Press.

Hirschmann, K. (2003). *Terrorismus*. Hamburg: Europäische Verlagsanstalt.

Hoffmann, B. (2006). *Terrorismus – der unerklärte Krieg. Neue Gefahren politischer Gewalt*. Bonn: Bundeszentrale für politische Bildung.

Laqueur, W. (1977). *Terrorismus*. Kronberg/ Ts.: Athenäum.

Laqueur, W. (1996). Postmodern Terrorism. *Foreign Affairs,* 75(5), S. 24-36.

Rapoport, D. (1992). Terrorism. In M. Hawkesworth & M. Kogan (Hrsg.). *Routledge Encyclopedia of Government and Politics*. London: Routledge.

Schneckener, U. (2006). *Transnationaler Terrorismus. Charakter und Hintergründe des „neuen" Terrorismus*. Frankfurt/ Main: Suhrkamp.

Waldmann, P. (2005). *Terrorismus. Provokation der Macht* (2. Aufl.). Hamburg: Muhrmann.